Kesämaisemia Lapista

Scenes from a Lappish Summer

D1674598

Tekijän aikaisemmat julkaisut

Työmatkakertomus, 1973
Kevättä, kesää, 1977
Tuli toinenkin kevät, 1978
Noin sata Suomeni maisemaa — *My Finland: Two Hundred Pictures*, 1978
Asun näillä saarilla, 1979
Hellejatsit, 1980
Lämpöä harakoille, 1981
Kuin unia — *Som drömmar*, 1982
Pöytä, 1982
Marjasuon Talviparvi, 1985

Markku Tanttu

Kesämaisemia Lapista

Valokuvia erämaaretkiltä

Scenes from a Lappish Summer

Photographs taken on wilderness treks

Forssan Kustannus Ky

English text: Leigh Plester

Copyright © 1985 Markku Tanttu

Kustantajan osoite:
Forssan Kustannus Ky
Esko Aaltosen katu 2
30100 Forssa 10

ISBN 951-95145-7-0

Forssan Kirjapaino Oy
Forssa 1985

Aluksi

Kesälomaani on jo vuosien ajan kuulunut vähintään yksi retki Lapin erämaissa.

En ole rasittavien reittien intohimoisen vauhdikas kulkija, en innokas kala- tai erämies, enkä niin tarkkasilmäinen luonnonharrastaja kuin todellisen lapinhullun pitäisi kai olla. En hyljeksi luonnon- ja kansallispuistojen merkittyjä kulkureittejä rajoituksineen siinä määrin kuin puhdashenkisemmät eräretkeilijät.

Halu nähdä määrätynlaisia luonnontilaisia maisemia ja oleskella rauhallisissa erämaissa vailla kiirettä saa minut rasittavillekin retkille.

Tähän kirjaan olen valinnut valokuvia joistakin minua eniten kiehtoneista maisemista.

Laajan Lapin luonnonmaiseman leimaavimmat piirteet ovat toki toisenlaisia kuin tästä tunteella valitusta, "minun Lapistanikin" vain siruja näyttävästä kuvasarjasta voisi päätellä.

Kuvien tarkoitus on siis vain kertoa mikä minut vetää Lappiin joka kesä.

Foreword

My summer holiday programme has for years accommodated at least one hike into the wilds of Lapland.

I am not among those who stride along strength-sapping hiking trails at breakneck speed, neither am I an enthusiastic angler or back-packer. Moreover, I do not pay attention to smaller details in the same way as the ardent trekkers smitten with Lapland fever. Again, I do not dismiss the marked trails running through national parks and nature preserves and their associated prohibitions in the same uncompromising manner as does the thoroughbred wilderness trekker.

The yearning to gaze out over certain types of unspoiled, natural scenery and to dwell in peace-enshrouded wilderness free of hurry and bustle goads me along even the most trying of routes.

For this book I have selected pictures of some of the landscapes which have exerted the most profound effect on me.

The most characteristic features of the extensive region of Lapland are, it must be admitted, of quite a different nature to what one would suppose by studying this portfolio of pictures of "My Lapland" chosen for purely subjective reasons.

In other words, the purpose of the pictures in this book is simply to indicate what draws me to Lapland summer after summer.

Retkikohteet

Kirjan kuvat ovat vuosina 1977—1984 tekemältäni neljältätoista vähintään viikon kestoiselta vaellukselta ja muutamilta viikonloppuretkiltä. Retkikohteet ovat kartassa numeroituina merkkeinä. Pallojen kokosuhteet pyrkivät kuvaamaan kunkin kohteen osuutta retkien kokonaismäärästä ja kestosta.

1. Korouoma, kuva sivulla 9
2. Pyhätunturin kansallispuisto ympäristöineen, retkeilyreitti Luosto-Pyhä, 10—16
3. Tenniöaapa, Postojoet, 17—19
4. Nattaset, Sompion luonnonpuisto, 20—22
5. Saariselkä, Urho Kekkosen kansallispuisto, 23—41
6. Tolos-, Sota- ja Ivalojokien seudut, 42—49, 78
7. Inarijärvi, 50—55
8. Sevettijärvi, Näätämöjoki, 56—57
9. Kevon luonnonpuiston retkeilyreitti, 58—59
10. Muotkatunturit, Peltojärvi ympäristöineen, 60—67
11. Pallas-Ounastunturin kansallispuisto, 68—77

Pikkuretkiä olen tehnyt Rovaniemen maalaiskunnan metsissä ja muutamissa muissa karttaan merkitsemättömissä kohteissa. Niistä en tullut vallinneeksi kuvia tähän kirjaan.

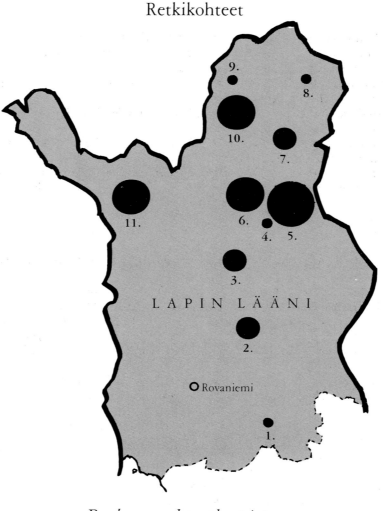

LAPIN LÄÄNI

O Rovaniemi

The photographs were taken on fourteen treks of at least a week's duration, or on weekend trips, in the summers of 1977—1984. The places are marked on the map, the numbers referring to the locations given below. The various-sized rings indicate the importance of each locality in terms of the total number of trips and their duration.

1. Korouoma, illustrated on page 9.
2. The Pyhätunturi National Park and its surroundings. Luosto-Pyhä route, 10—16
3. Tenniöaapa bog, Postojoet, 17—19
4. Nattaset, the Sompio Strict Nature Reserve, 20—22
5. Saariselkä, the Urho Kekkonen National Park, 23—41
6. The region of the Rivers Tolosjoki, Sotajoki, and Ivalojoki, 42—49, 78
7. Lake Inarijärvi, 50—55
8. Lake Sevettijärvi, River Näätämöjoki, 56—57
9. The Kevo Strict Nature Reserve, hiking trail, 58—59
10. The Muotkatunturit fells, Lake Peltojärvi and its surroundings, 60—67
11. The Pallas-Ounastunturi National Park, 68—77

I have also made shorter excursions into the forests of Rovaniemi commune and other places not marked on the map. None of the pictures taken at such localities appear in this book.

Background to the pictures

Valokuvat

Pictures

Korouoman rotkolaakso on suomalaisen metsämaiseman komea erikoisuus. Pienehkö retkikohde käsittää kuitenkin kosolti niitä tekijöitä, jotka saavat minut Lapin matkoille. Ruska, syksyn väriloisto, ei välttämättä ole sellainen (pidän tätä aikaa vielä kesäkautena, onhan kotikulmillani Etelä-Suomessa vielä vihreätä), vaan koskemattoman rinnemetsän jylhyys, pienet suot, rehevät niityt, lehdot, niitten lomassa luikerteleva puro, hiljaisuus ja rauha.

The Korouoma ravine is one of the most spectacular landforms of the timber zone. Small though it may be, the locality exhibits just those features which draw me to Lapland. The splendid russet time is not necessarily one of them (I consider this time of year still summer, as southern Finland is still green), but the unspoilt steep forested slopes, small bogs, luxuriant meadows, tree groves, winding streams, silence and serenity most certainly are.

Yhdellä kävelyllä voi Pyhätunturin kansallispuistossa nähdä Etelä-Lapin mahtavimmat tunturit, vaikuttavat kurut, erikoisia kivimuodostelmia, esimerkillisiä Lapin keloja ja kuusia. Puisto on paremminkin hyvä luonnonmuistomerkki kuin eräretkeilykohde. Erämaan rauhaa siellä ei aina ole ja laajat, koskemattomat metsämaisemat puuttuvat.

On a single walk through the Pyhätunturi National Park one beholds views of South Lapland's most magnificent fells, sheer-sided gullies, various kinds of rock formations, wonderful examples of Lappish "snags" and old spruces. The park is more of a natural monument than a place for hikers. It is not always enshrouded in the peace of the wilds and the forests surrounding it have been extensively logged.

Kansallispuiston tuntureita vaatimattomampana nousee Soutaja-vaara Pyhäjärven rannalla. Eräretken kohteeksi ei siitäkään ole, mutta pikkuretki jännittävän vuoren melko poluttomassa maastossa ja ympäristön osittain hakkuilta säästyneissä metsissä on jäänyt mieleen elävämmin kuin useat käynnit viereisessä kansallispuistossa.

Soutaja fell rises straight up from the shores of Lake Pyhäjärvi. While Soutaja is not a place worthy of a major excursion, the memory of the comparatively short walk up its almost pathless sides and through groves of trees that have been spared the axe has remained with me more vividly than innumerable incursions into the neighbouring national park.

Pyhätunturilta luoteeseen kulkeva tunturijono ja sitä seuraileva retkireitti Luosto-Pyhäkään ei ole varsinaista erämaata, mutta viehättäviä maisemakohteita siellä on useammankin päivän retkelle.

Erikoisesti pidän tuntureitten juurilla kasvavista metsistä, niitten keloista, naavaisista kuusista, tavanomaisuudessaan herttaisesta Pyhälammesta ja koskemattomista soista.

Although the string of fells branching out southwest from Pyhätunturi fell and the associated Luosto-Pyhä hiking route does not constitute a true wilderness, it offers enough snippets of attractive forest scenery to add spice to a several-day hike.

I find especially appealing the tree stands fringing the flanks of fells, the countless "snags", spruces bedecked with beard moss, the charming Pyhälampi pool, and the bogs.

Enimmiltään eteläisen ja keskisen Lapin luonnonmaisema tuntuu olevan suota ja veden vaivaamaa metsää, kauniin surumielistä maisemaa vailla tuntureitten komeutta.

Aapasoitten vaikuttava hiljaisuus ja sen mahdollisesti rikkovat lintumaailman näytelmät tekevät alakuloisista maisemista erikoisen kiehtovia.

For the most part the scenery in southern and Central Lapland appears to be afflicted by an over-abundance of peatlands and waters. This is a lovely, yet melancholy landscape lacking the grandeur of the fells.

The moving silence of the open ''aapa'' bogs and the bird displays that shatter it make this brooding landscape especially captivating.

Soitten halki kulkevat joet ja rantojensa kasvillisuudelta vaihtelevat, mutkittelevat purot elä-
vöittävät apeata maisemaa.

Kumminkin useamman päivän soilla oleskeltuani kaipaan kuivemmille, vankkametsäi-
simmille kankaille, korkeammille paikoille.

*Rivers slicing through the peatlands, and the meandering brooks with their ever-changing
fringes of vegetation, put a flicker of life into otherwise drab reaches.*

*However, after days spent wandering in the peatlands, a desperate urge comes upon me
to flee to the dry, timbered heaths of the higher ground.*

Nattaset-tuntureilta, Sompion luonnonpuistosta saattaa nähdä soista metsämaisemaa silmänkantamattomiin. Jos rinnettä noustessa kääntyy esimerkiksi noitten ihmeellisen korkealla kasvavien kuusten kohdalla katsomaan suoraan etelään, näkee valtavan järven. Se on ihmisen tekemä, tyrmistyttävä Lokan allas.

From the Nattaset fells, in the Sompio Strict Nature Reserve, is to be had a view over peaty forests stretching as far as the eye can see. Gazing south from beneath those astonishingly tall spruces, one sees a huge lake, the artificial Lokka reservoir, which gives one a rather severe shock.

Nattaset on ihmeellinen, irrallinen tunturimuodostelma kuin tasaisen Keski-Lapin ja laajan Saariselän tunturimeren rajana.
    Saariselkä on kuin ulappa täynnä saaria.

The Nattaset fells are a strange, isolated cluster forming a natural boundary between the flat lands of Central Lapland and the Saariselkä uplands.
    Saariselkä is like an ocean dotted with tiny islands.

Saariselkä ei ole pelkkiä tuntureita, vaan myös jokia, kuruja, metsäisiä laaksoja, pikkujärviä.

Tunturilla en kulje mielelläni pitkään. Usein lähden seuraamaan rinteestä alkavan puron uomaa, katson sen kasvamista joeksi, pysähdyn koskilla ja suvannoilla, järviksi paisuneilla laajentumilla, yövyn metsäisillä rannoilla.

Tässä Suomujoen latvahaara ja muuan kosken jälkeinen suvanto.

Saariselkä consists of more than just fells, being well supplied with rivers, gullies, wooded valleys and small lakes. Given the choice, I never walk for long in the fells. Often I follow the course of a brook, watching it gradually assume the proportions of a river. I pause at each rapids and backwater pool, or where, broadening, the waters form a lake, and I spend the night on some convenient forested bank.

Suomujoki kulkee havumetsien halki, ahtautuu koskiksi kallioitten väliin, laajenee suvannoik-si, matelee rehevissä koivikoissa.

Lempeäkin maisema saattaa kertoa elämän ankaruudesta.

Mikä mahtaa olla virrassa raatona lojuvan poron tarina?

The Suomujoki flows through coniferous forests, is compressed into rapids by stubborn rocks, finds sudden release in a backwater, and runs shallowly among verdurous birch woods.

Even peaceful scenery can provide evidence of the harsh realities of life. What it is the dead reindeer's sad tale?

Lankojärvi on yksi Suomujoen laajentuma. Sen viehättävyys on saman tapaista kuin useitten suomalaisten metsäjärvien.

Lähellä sijaitseva Rautulampi on taas tyylipuhdas, kuin pohjoisemmaksi sopiva tunturijärvi.

Moni-ilmeisyys on Saariselän maisemien merkittävin ominaisuus.

Lake Lankojärvi is an expansion of the River Suomujoki. It has the charm one associates with those lakes encountered in the Finnish forests.

By comparison, nearby Rautulampi has the character of the fell-land lakes lying further north.

Scenic variety is one of the hallmarks of the Saariselkä region.

Saariselkä ei ole järviseutua. Alueen ainoa suurempi allas on Luirojärvi. Olen kahdesti käynyt sen rannoilla, molemmilla kerroilla sateisella sumusäällä, jättänyt nousematta Sokostille, järven vieressä nousevalle mahtavalle tunturille. Kumminkin olen kerran Luirojärveä Sokostilta katsellut. Sade näytti sitä silloinkin lähestyvän.

Saariselkä is not a region renowned for lakes, its only sizeable body of water being Lake Luirojärvi. Twice I have visited the lake's shores, both times in wet, foggy conditions, and on both occasions I ignored Sokosti, the mighty fell thrusting out of the nearby ground. Once I looked down on Lake Luirojärvi from the fell. Rain appeared to be on the way on that occasion too.

Sumupilvisessä tunturissa kulkeminen on kiehtovaa ja jännittävää.

Kun ei ole kovin laajoja näkymiä katsottavana, huomaa maan pinnan rakenteen uudella lailla, havaitsee kuinka erilaisista aineksista eri tavalla Saariselän jokainen tunturi on rakentunut.

Fell-scrambling when the hills are clothed in mist is a delightful and exhilarating experience.
When one's view of the world is restricted, one notices the nature of the terrain in an entirely new fashion, observing how every fell in Saariselkä is composed of different materials and has its own unique construction.

Jos Saariselän tunturit ovat kuin eri tavoin rakentuneita, voivat samankin tunturin kurut olla keskenään kovinkin erilaisia.

Ukselmapään Pirunportin ja Paratiisikurun kylkiä.

Not only do the Saariselkä fells differ as regards their structure, but the gullies can also vary tremendously in appearance, even on the same fell.

The sides of Ukselmapää's Pirunportti and Paratiisikuru.

Lumikuru on yksi Ukselmapään kuruista. Sen erikoisuus on talvesta talveen säilyvät lumilaikut. Kesähelteellä porot viihtyvät niillä siksi, ettei räkkä, kiusaitikoitten armeija, hyökkää niitten yllä.

Lumikuru is one of Ukselmapää's brook courses. In it snow banks survive from one winter to another. In the heat of summer the reindeer gather there in an attempt to escape the voracious bands of mosquitoes and midges.

Lumilaikkujen lomasta lähtee kurun pohjaa juoksemaan Lumikurunoja. Äkkiä se muuttuu lehtomaisen metsän kauniiksi puroksi. Se yhtyy erilaisia metsiä ja soita halkovaan, välillä pikku lammiksi laajentuvaan Suomujoen haaraan, Muorravaarakan jokeen.

Viihdyn sen maisemissa kotoisammin kuin komeissakaan kuruissa.

Formed by the meltwaters trickling out of the snowbanks, a stream, Lumikurunoja, flows down a gully. In no time at all it is transformed into a lovely brook babbling through leafy glades. It joins up with a tributary of the River Suomujoki, the Muorravaarakka, which cuts through bog and forest and here and there widens into small pools.

Here I feel more at home than I do in the spectacular ravines and gullies.

Aurinkoisista tunturivaelluksista muistan parhaiten matkan Mukkavaaralta Vongoivalle, tunturille, jota moni pitää kiehtovimpana kohteena koko Saariselällä. Minusta päivän merkittävimmät nähtävyydet olivat Siliäselän pienet vesilampareet ja Kuusikuru, vaikka Korvatunturitkin nähtiin ja tunturimerta yli silmän kantaman.

Metsien ja pienten vesien takia Saariselällä kuljen.

A hike under blue skies that has remained uppermost in my mind is one I made from Mukkavaara to Vongoiva. The latter are fells held by many to be the most attractive in the whole of Saariselkä. One of the most memorable sights of my day were the pools of Siliäselkä and the Kuusikuru gully.

I wander in the wilds of Saariselkä for the sake of the forests and small lakes.

Saariselältä länteen Tolos-, Sota- ja Ivalojokien seuduilla on laajempia alueita ''tavallisempia'' metsiä, suurempia virtoja, jokunen lampikin, vähemmän polkuja, rakennuksia, ihmisiä. Tuntureita verrattain lähellä kumminkin.

Ihanteellista retkiseutua kaltaiselleni lapinhullulle.

In the vicinity of the rivers Tolosjoki, Sotajoki and Ivalojoki, west of Saariselkä, there are extensive stands of southern-type coniferous forests, a small pool or two, fewer paths, buildings, and people. Yet the fells are close by.

An ideal place for the likes of me, afflicted by a peculiar form of Lapland madness.

Laajankin metsän viehätys on usein pienissä maisemallisissa yksityiskohdissa. Esimerkiksi Ivalojoen jylhissä maisemissa kulkiessa saatan pysähtyä pienen kalliojyrkänteen ja vaatimattoman suoläntin eteen, kuuntelemaan ja katselemaan sen elämää.

Erikoisen somia ovat pikku lähteiköistä alkavat erilaisten metsien ja soitten läpi suurempiin vesiin juoksevat purot.

Much of the charm of forests lies in their relatively minor details. For instance, when roving across the rugged terrain flanking the River Ivalojoki, I may pause before a small cliff or humble boggy patch, observing and listening to the life on it.

Particularly attractive are the small brooks that bubble out of springs in the ground and thread their way through forests and peatlands.

Ivalojoen maisemia katsellessa tulisi seudun kullankaivuhistoriasta tietämättäkin mieleen maailman muut pohjoiset erämaat ja kulta-alueet.

Tuo suuri virta laskee Inarijärveen. Se taas muistuttaa monin paikoin muita Suomen suurjärviä ja jopa Suomenlahden saaristoa kovin pohjoisesta sijainnistaan huolimatta.

Even if one is ignorant of the region's gold mining history, as the physical eye looks out over the River Ivalojoki, the mind's eye conjures up visions of other northern wildernesses and gold districts. This stately river debouches into Lake Inarijärvi. The latter resembles the classic great lakes of Finland and despite its northerly location it also brings to mind the Archipelago of the Gulf of Finland.

Inarijärven suurimmissa saarissa voi viettää koko päivän kävelemällä metsissä, pikku soilla, käydä somilla lammilla tai katsomassa vuorilta saarta ympäröiviä, tyypillisiä suurjärvisuomalaisia maisemia. Laajat selkävedet näyttävät kalliolta katsottuna aivan erilaisilta kuin usvassa, kesäyön hämärässä tai kovassa tuulessa niitä soutaen ylittäessä.

On the largest of Lake Inarijärvi island one can spend a whole day rambling among the forests, bogs and lovely pools, or from some convenient hill study the scenery typical of the great lakes of Finland. When viewed from aloft, large expanses of open water take on an aspect that is nothing like the one glimpsed from a rowing boat with the waters wreathed in a mist, subdued by twilight, or held in the grip of a high wind.

Suomen tuhansista järvistä on laskematon määrä sattunut Inarijärven pohjoispuolelle, Sevettijärven seuduille. Maisema on vaikuttavaa; kitukasvuisia metsiä, laajoja tunturimittarin tuhoamia koivikoita, lampien rannat ankaraa louhikkoa tai suota, tunturit puuttuvat. Seudun halki kulkeva Näätämöjoki tuo ulkomaalaisen tuulahduksen; Jäämeren lohi kuulemma nousee siihen.

North of Lake Inarijärvi, in the Sevettijärvi district, lies an incalculable proportion of Finland's tens of thousands of lakes. The landscape arrests the attention. There are forests of gnarled and twisted trees, acres and acres of birch groves destroyed by the birch looper moth, and boulderstrewn lake beaches. Fells are absent. The Näätämöjoki bears gifts from afar: I understand that salmon ascend this river from the Arctic Ocean.

Pohjoisimmassa Lapissa tunnenkin kulkevani kuin ulkomailla. Esimerkiksi Kevon komea kanjoni on monine ihmeineen kuin muualta tuotu. Onko tuollaista rotkon seinämän puroputoustakaan Suomessa toista?

Kevon retkeilyreitin eteläpäässä on muutama sievä järvi. Pohjoisesta tuleva tuntee saapuvansa Järvi-Suomeen. Muotkatunturien laaja alue on kuitenkin vielä etelämpänä edessä.

In the remotest reaches of Lapland it is as though I walk in foreign parts. The spectacular waterfalls of the Kevo canyon with its sheer walls are unique in Finland.

At the southern end of the Kevo hiking route lie a few pretty lakes resembled those of Finnish Lakeland from which, however, they are separated by the Muotkatunturi fells chain lying sitll further south.

Muotkan seutu on ankaraa tundraa. Päiväkausia voi joutua kulkemaan metsää näkemättä. Puitten suojaan tottunut tarkkailee pilviä erikoisella huolella.

Hienoja, mutta kovin vieraita maisemia.

The environs of Muotka are clotched in desolate tundra and you can rove for days without spotting a single forest. The seasoned man of the woods casts many an anxious glance at the clouds gathering overhead.

Fine country, but so aloof and strange.

Metsiä ja järviä kaipaava kulkija saattaa löytää Muotkaltakin kiehtovia kohteita. Joissakin kuruissa on vilkkaita koivikkorantaisia puroja, lampia ja jopa lehtomaisia satumetsiä.

Those ramblers who yearn for forests and lakes may gain some relief even at Muotka. Some gullies harbour lively little brooks fringed with birch trees, pools, and even leafy enchanted forests.

Muotkan alueen eteläpuolella on verrattain laaja suo- ja järvialue. Sieltä puuttuvat havupuut. Vihdoin mäntymetsään päästessä tuleekin hieno, kuin kotiinpaluun tunnelma.

Muotkan itäosissa on ryhmä tunturijärviä. Niistä kookkaimman, Peltojärven vieressä kohoaa mahtava, korkealle lehtimetsäinen tunturi.

Sielläkin kaipasin vaihtelevampiin, suurempiin metsämaisemiin.

A region of peatlands and lakes and few conifers flanks the southern border of Muotka. Entering the first grove of pines feels like a home-coming.

East of Muotka is a string of fell-land lakes. Alongside the largest, Lake Peltojärvi, a high fell clothed in deciduous forest rears up. Even there, I miss the large mixed forests.

Tuntemistani Lapin alueista on Pallas-Ounastunturin kansallispuisto maisemiltaan vaihtelevin. Siellä on helppoa nähdä samanaikaisesti tunturipaljakkaa, tunturikoivikkoa, kuusimetsää, soita ja järviä ikään kuin tiivistelmänä koko Lapin, miltei koko Suomen luonnosta.

Of all the regions of Lapland with which I am familiar, the Pallas-Ounastunturi National Park has the most variable scenery. One can take in at a single glance barren fell tops, groves of mountain birch, spruce forests, bogs and lakes — in short, a representative collection of Lappish, indeed Finnish, habitats.

Paikoin Pallas-Ounaksen maisemat ovat erittäin karua tundraa.

In places the Pallas-Ounas landscape consists entirely of barren tundra.

Pallas-Ounaksen tuntureitten kuruissa on viehättäviä ketoja, kuusikoita, lampia ja viidakko-rantaisia puroja. Kansallispuiston alueella voikin pikku retkellä perehtyä Lapin luontoon kuin kokonaisuutena etelästä pohjoiseen, rehevistä laaksoista ja mahtavista metsistä lähes kasvitto-mille lakimaille. Laaksot ja metsärantaiset järvet kiehtovat kuitenkin minua eniten.

Gullies among the Pallas-Ounas fell chain are sprinkled with tiny meadows, spruce groves, ponds and brooks fringed with dense vegetation. Even a short walk in the national park enables one to see a representative cross-section of Lappish habitats from south to north, ranging from green valleys and mighty forests to almost bare fell summits. It is the valleys and tree-fringed lakes, however, that captivate me most.

Useina aurinkoisina päivinä olen kansallispuiston maisemissa kulkenut. Elävimmin muistan kuitenkin pari yksinäistä kesäyötä, joina kävelin Pallaksen tuntureilla rauhallista metsämerta, lampien ja soitten yllä lepääviä usvapilviä ja yöttömän yön auringon valoleikkejä katsellen.

Tunsin katselevani suomalaista, en erikoisesti lappilaista metsämaisemaa. Tärkeältä tuntui sekin, että oli kesä.

While I have spent many a fine, sunny day rambling in the national park, strangely enough I recall most clearly two lonely nights spent in the Pallas fells witnessing the mists enveloping the peaceful forests, pools and bogs, and the play of light and shade during the nightless night hours. It seemed such a Finnish, as distinct from a Lappish, habitat. Of great significance, too, was the fact that it was summer.

Mielelläni retkeilen Lapissa talvellakin. Silloin kumminkin useasti muistelen tai kuvittelen, millaisilta näkemäni maisemat näyttävät kesällä.

I also like to ramble in Lapland during the winter, remembering — or at least imagining — how beautiful the scenery is in summer.

Lopuksi

Olen toki tiennyt, tuntenut, mikä minua Lapissa enimmin kiehtoo.

Tämän kirjan kuvien valitseminen ja niitten tekstittäminen vain varmistivat käsityksiäni. Korostui, että parhaiten viihdyn Lapin metsissä, metsärantaisilla soilla, puroilla, järvillä — maisemissa, jotka ymmärrän suomalaisena erämaana.

Oudolta voi kuulostaa, että tunnen noinkin kaukaisille alueille ikään kuin koti-ikävää ja nimenomaan kesällä.

Nuorempana olen saanut viettää kesälomiani eteläsuomalaisissa metsissä, Pohjanmaan soilla ja erämaisen suurjärven saarilla.

Nyt noilla tutuilla, Lappia paljon eteläisimmillä alueilla ei luonnontilaisia metsiä, vapaita jokia, käsittelemättömiä soita, erämaan rauhaa enää ole.

Niitä siis haen Lapista, en niinkään komeita tuntureita.

Miltei jokaisella Lapin matkallani näen jotakin uutta, pysyvästi maisemaa turmelevaa.

Se voi olla uusi voimalatyömaa, metsäautotie, laaja hakkuualue tai kiihtyvästi kasvava, ympäristöään kohtuuttomasti kuluttava retkeilykeskus.

Olen oppinut varautumaan sellaisiin. Onhan pelkkä arkinen uutisseuranta kotona Helsingissä pitänyt jotenkin ajan tasalla, ainakin suurimpien Lapin "kehittämiseksi" tehtyjen hankkeitten kohdalla.

Metsäerämaita tuhoava kehityssuunta on kaikkein näkyvimpiä.

Näkyvää on myös eräretkeilijämäärien kiihtyvä kasvu. Kansallis- ja luonnonpuistot ovat jo nyt paikoin ahtaita, polkureitit ja autiotuvat ruuhkautuvat (usein ulkomaalaisten kotonaan omavaraisiksi evästäytyneistä, miltei rikollista retkikäyttäytymistä harjoittavista vaeltelijoista), maasto kuluu, erämaan ilme katoaa, hiljaisuutta hakeva hermostuu, joutuu vuosi vuodelta kaukaisimmille seuduille, suppeammille alueille.

Mistähän tulen, vielä sentään noin neljännesvuosisadan verran retkeilykunnossa olevana, suomalaisen erämetsän rauhaa vastaisuudessa etsimään?

28. 3. 1985   *Markku Tanttu*

A *final word*

I was already perfectly well aware when I began how Lapland affects me most. Selecting the pictures for this book and the captions to go with them merely helped to reinforce my impression. They served to underline the fact that I am most at home in the forest, scrub-fringed peatlands, brooks, and lakes of Lapland — in the type of country personifying my interpretation of the term "Finnish wilderness".

It may sound strange when I say that I suffer from home sickness for those far-off places, especially during summer.

The summer holidays of my youth were spent in the forests of southern Finland, on the bogs of Ostrobothnia, and on the islands of vast wilderness lakes.

Today in those familiar places far to the south of Lapland stand no naturally created forests, flow no free rivers, lie no unexploited bogs, reigns no peace of the wilds.

It is to find these, rather than to admire majestic fells, that I journey to Lapland.

On practically every one of my trips to that region I discover some new and permanent despoiler of the landscape. The culprit may be the site of a new power plant, a logging road, an extensive clear-felling, or a vigorously sprouting tourist centre adversely affecting its environment out of all proportion to its worth.

I have learned to expect these things. Even monitoring the daily news at home in Helsinki has been sufficient to keep me informed of developments, at least as far as the larger projects associated with "developing" Lapland are concerned. The tendency to destroy wild forests is most clearly in evidence.

Obvious, too, is the drastic increase in the number of hikers. National Parks and Strict Nature Reserves are crowded in places, as are hiking trails and wilderness huts (sometimes with foreigners whose behaviour is not far short of criminal); the scenery is becoming frayed and losing its wild character, and those seeking tranquility are becoming ever more irrascible as they are forced to penetrate into terrain that is both more distant and constantly shrinking.

Wherever will I — who for a quarter of a century to come, at any rate, will still have the energy to trek — seek the tranquility of the Finnish wilds in the years that stretch ahead?

28. 3. 1985

Markku Tanttu